Camper-Ausweis

Hier bitte
ein Foto
einkleben!

Name

Geburtstag

Lieblingscampingplatz

Alle Tipps und Informationen in diesem Buch
sind sorgfältig ausgewählt und geprüft.
Dennoch können weder Urheber noch Verlag
eine Garantie übernehmen. Eine Haftung
für Personen-, Sach- und Vermögensschäden
ist ausgeschlossen.

Haftungsausschluss für Links:
Urheber und Verlag haften nicht für Schäden,
die durch das Aufrufen der im Buch aufgeführten
Internetseiten oder die Verwendung ihrer Inhalte
entstehen. Web-Links können sich ändern oder veralten.
Für alle im Buch aufgeführten Internetseiten,
deren Inhalte und ihre technische Sicherheit
sind ausschließlich deren Betreiber verantwortlich.

5 4 3 2 1   21 20 19 18 17
ISBN 978-3-649-62252-9
© 2017 Coppenrath Verlag GmbH & Co. KG,
Hafenweg 30, 48155 Münster, Germany
CH: Baumgartner Bücher AG, Centralweg 16, 8910 Affoltern a. A.
Alle Rechte vorbehalten, auch auszugsweise.
Text: Anja Scheve
Illustrationen und Layout: Jutta Wetzel
Fotos: siehe Nachweis auf Seite 60
Satz: Alexander Nuißl
Redaktion: Susanne Tommes
Printed in China

www.coppenrath.de

Anja Scheve

CAMPING-ALARM!

Mit Illustrationen von Jutta Wetzel

COPPENRATH

Hallo, Camper!

Woanders zu schlafen als im eigenen Bett, ist immer ein Erlebnis. Besonders cool: im Zelt übernachten. Was ihr alles für den ultimativen Campingurlaub braucht? Auf jeden Fall dieses praktische Abenteuer-Handbuch. Darin steht alles, was ihr für ein Leben im Freien wissen müsst.

Hier erfahrt ihr, wie ihr eure Heringe im Boden versenkt und woran ihr auf jeden Fall denken müsst — ob an die Ausrüstung, den Essensplan, die Erste-Hilfe-Tasche oder die passende Kleidung. Dazu gibt's jede Menge Tipps, Spielideen, Witze, Rätsel und Sticker sowie wichtige Infos für unvergessliche Tage und Nächte im und ums Zelt herum.

VIEL SPASS!

500m

Inhaltsverzeichnis

Bevor's losgeht 6
Hallo, Camper! 6
Von Jurten und Tipis 8
Die besten Zeltplätze der Welt 10

Die Vorbereitung 12
Der passende Unterschlupf 12
Verschiedene Zelttypen 13
Ein Zelt kaufen 14
Welches Zubehör? 16
Von Matten und Säcken 18
Die richtige Kleidung 20
Erste-Hilfe-Ausrüstung 21
Echt praktisch! 22
Die Outdoor-Küche 24

Premiere auf dem Zeltplatz 26
Der beste Standort fürs Zelt 26
Das Zelt aufbauen 28
Was beim Camping richtig nervt ... 30
Zelten in Amerika 32
Camping ist schön! 33

Jede Menge Spiel und Spaß 34
Piraten, Indianer und Co. 34
Fahne klauen 36
Sockenspiele 37
Versteckenmit
Geheimbotschaften 38
Schnitzt euch was! 39

**Köstliches aus der
Outdoor-Küche** 40
Tipps für Freiluftköche 40
Heißes vom Campingkocher 42
Lagerfeuer? Aber sicher! 44
Lagerfeuer-Leckereien 46

Auf in die Nacht! 48
Wenn der Tag zu Ende geht 48
Eine Nachtwanderung 49
Nachts im Wald 50
Fackelwanderung am Strand 51
Den Nachthimmel erforschen 52
Fledermäusen auf der Spur 53
Ratespaß vorm Einschlafen 54

Ein paar Tipps zum Schluss! 56
Wenn die Stimmung kippt 56
Erste Hilfe 57
Und tschüss! 58
Nützliche Adressen 59

Anhang 60
Fotonachweis 60
Noch mehr für Abenteurer 61

Von Jurten und Tipis

Zelte gibt es in allen möglichen Formen, Farben und Größen. Sie werden für die unterschiedlichsten Zwecke genutzt.

Indianer leben im Tipi: Über das Gerüst aus Holzstangen legen die nordamerikanischen Indianer Felle von Rentieren oder Bisons. Oben, wo die Holzstangen zusammenstoßen, kann der Rauch der Kochstelle abziehen.

Die Jurte als Pfadfinder-Treff: Eine Jurte besteht aus einem großen runden Holzgerüst, das mit Baumwoll- und Filztextilien eingedeckt wird. Die ersten Jurten haben die asiatischen Nomaden gebaut, die teilweise noch heute darin leben.

Manege frei im Zirkuszelt! Das Zeltdach sowie die Seitenwände bestehen meist aus Kunststoff. Große Masten in der Mitte sorgen dafür, dass die schweren Planen gehalten werden. In der hohen Kuppel vollführen Artisten atemberaubende Kunststücke.

Erste Hilfe im Sanitätszelt: In diesem Provisorium werden Verletzte untergebracht und von Sanitätern oder Notärzten behandelt. Sanitätszelte werden bei großen Veranstaltungen errichtet, beim Militär oder bei Hilfseinsätzen, beispielsweise bei Naturkatastrophen.

Auf in die Wildnis! Ein Expeditionszelt ist besonders leicht und stabil. Es muss sehr hohe und niedrige Temperaturen (bis zu minus 40 Grad), Sturm und Wind, Schnee und Regen aushalten.

Feiern wie die Bayern: Festzelte kommen bei großen Volksfesten zum Einsatz. Das größte Zelt auf dem Münchener Oktoberfest ist das Hofbräu-Festzelt. Es bietet 10 000 Besuchern Platz!

Die besten Zeltplätze der Welt

Bevor ihr eure Siebensachen packt, überlegt euch: Wo möchtet ihr am liebsten zelten? Hier ein paar Vorschläge:

In der Südsee

Oooh, JAAAAA!

Was fressen Eisbären eigentlich?

Am Nordpol

In Omas Garten

Noch ein Stückchen Apfelkuchen?

Mit Butler

Eine gute Alternative sind Campingplätze. An der Rezeption erfahrt ihr, ob und wo noch Platz ist. Hier meldet ihr euch an und bezahlt auch am Ende eures Aufenthalts die Gebühr. Informiert euch am besten vorab im Internet. Es gibt ganz unterschiedliche Plätze.

Moderne Campingplätze:
Sie trumpfen mit einem Unterhaltungsprogramm, einem Supermarkt, großzügigen Küchen, Fernsehräumen, Schwimmbecken, Internet-Anschlüssen, Familienwaschräumen und vielen anderen Extras auf. Natürlich schlägt sich all das im Preis nieder.

Einfache Plätze: Sie sind meist sehr ursprünglich gehalten, haben aber durch ihre natürliche Art einen besonderen Charme. Auf den meisten gibt es mittlerweile Duschen und Toiletten, manchmal sogar einen kleinen Einkaufsladen.

Tipp: Wer es gern noch schlichter und preiswerter mag, fragt auf einem Bauernhof nach.

Übrigens: Irgendwo in der Natur zu zelten, ist nur mit Erlaubnis der Forstbehörde gestattet.

Der passende Unterschlupf

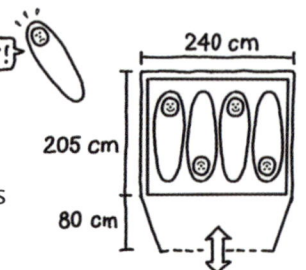

Kaum ein Zelt sieht aus wie das andere. Von seiner Größe und Form ist das Gewicht abhängig — nicht unwichtig, denn ihr müsst es tragen können. Folgendes solltet ihr daher abklären:

Die Personenzahl: Wie viele Personen seid ihr und wie viele Schlafplätze braucht ihr? Wer großzügig plant, wird später komfortabler nächtigen.

Die Anreise: Wie erreicht ihr euren Zeltplatz? Fahrt ihr mit der Bahn, dem Bus, dem Fahrrad oder im Auto? Davon hängt ab, wie viel Gepäck ihr mitnehmen könnt und was es wiegen darf.

Die Leihgaben: Wer könnte euch ein Zelt leihen? Wenn ihr zum ersten Mal im Freien übernachtet, fragt erst einmal im Freundes- und Verwandtenkreis nach, bevor ihr das Portemonnaie zückt und euch ein eigenes Zelt zulegt.

Verschiedene Zelttypen

Steht ein Zeltkauf an, dann habt ihr die Qual der Wahl zwischen verschiedenen Typen und Formen.

Das Igluzelt
- Vorteile: recht windstabil; weil es freistehend ist, kann man es aufgebaut leicht von A nach B tragen; für einen sicheren Stand solltet ihr es dennoch abspannen
- Nachteile: manchmal hohes Gewicht

Das Tunnelzelt
- Vorteile: recht geräumig, zusammengepackt platzsparend, die größeren Tunnelzelte haben mehrere Schlafkabinen
- Nachteile: nicht freistehend, die größeren Tunnelzelte sind recht windempfindlich

Das Wurfzelt
- Vorteile: sehr leichter und blitzschneller Aufbau
- Nachteile: großer Durchmesser im zusammengefalteten Zustand, je nach Größe sehr schwer; je größer die angegebene Personenzahl, desto komplizierter der Abbau

Das Steilwandzelt
- Vorteile: viel Platz, sehr bequem, meist mehrere Schlafkabinen
- Nachteile: hohes Gewicht, nicht sehr windstabil, schwerer Aufbau, nur für Leute, die mit dem Auto anreisen

Ein Zelt kaufen

Wenn ihr ein Zelt kaufen wollt, achtet auf Folgendes:

Die Dichtheit: Wie dicht ein Stoff ist, verrät die sogenannte Wassersäule. Sie gibt die Menge an Wasser an, die auf einer Fläche „stehen" kann, ohne dass das Wasser durchdrückt. Beim Zeltdach ist eine Wassersäule von mindestens 1 500 Millimetern angebracht, beim Zeltboden 2 000 Millimeter. Denn auf ihm lastet der Druck der Personen und unter dem Zelt angesammeltes Wasser darf natürlich nicht durchgedrückt werden. Grundsätzlich gilt: Je höher die Zahl, desto besser ist die Dichtheit des Zeltes.

BOOAH, IMMER NOCH DICHT!!!

STIMMT ES, DASS EUER ZELT UNDICHT UND FEUCHT IST?

JA LEIDER. GESTERN HABEN WIR SOGAR EINEN FISCH MIT DER MAUSEFALLE GEFANGEN.

Die Stabilität: Für die (Wind-)Stabilität eines Zeltes ist vor allem das Gestänge verantwortlich. Die Gestänge von Expeditionszelten bestehen aus hochwertigem Aluminium. Schlagt ihr euer Zelt in stürmischen Gegenden auf, solltet ihr auch auf den Stoff und die Verarbeitungsqualität achten.

Die Farbe: In wärmeren Gefilden wird ein dunkles Zelt schnell zur Sauna. Da fühlt ihr euch wie Grillhähnchen! Ein heller Stoff dagegen reflektiert das Sonnenlicht.

Doppelwand und Vorraum: Klar, man kann auch unter einer schlichten, einwandigen Behausung schlafen. Die meisten Zelte haben heute jedoch eine Innen- und eine Außenwand. Prima ist auch ein Vorraum. Hier könnt ihr eure Sachen trocken lagern.

Im Vorraum lassen sich zum Beispiel Schuhe, Getränkeflaschen und eingepacktes Klopapier prima unterbringen.

Welches Zubehör?

Heringe aus Plastik oder Aluminium brechen und verbiegen leicht. Am besten sind Heringe aus verzinktem Eisen (1). Mit ihrer Rinne in der Mitte sehen sie ein bisschen wie eine schmale Schaufel aus. Sie halten prima in nicht zu weichen Böden, zum Beispiel einem Rasen. Ihr Kopf sollte gebogen und stabil sein, damit man die Heringe gut in den Boden schlagen und die Abspannleine daran befestigen kann. Ist euer Zeltplatzboden eher hart und steinig, empfehlen sich Stahlheringe ohne Rinne, auch Felsbodenheringe oder Nägel genannt (2). Zeltet ihr auf Sand, empfehlen sich dicke Heringe aus Holz (3).

Wenn ihr nicht wisst, wie der Untergrund auf eurem Zeltplatz beschaffen ist, nehmt am besten verschiedene Heringe mit. Fehlt euch ein Hering, schnitzt euch Ersatz aus Holz. Oder ihr schaut auf dem Campingplatz nach, ob jemand irgendwo einen Hering vergessen hat.

HIER HAT JEMAND EINE DOSE HERINGE VERGESSEN! ☺

Eine Kunststoff-Plane: Unter das Zelt gelegt, schützt sie vor Nässe, Steinen, Zweigen und Schmutz. Die Plane sollte immer etwas kleiner als das Zelt sein. Ist sie größer, kann sich dort Regenwasser sammeln und nach innen dringen.

Abspannleinen: Wichtig ist, dass ihr genügend Leinen dabeihabt. Leider sind sie in gespanntem Zustand eine fiese Stolperfalle, nicht nur am Tag, sondern besonders in der Nacht. Die einfachste Möglichkeit, sie sichtbar zu machen: Bindet lange Streifen aus buntem Stoff an die Leinen. Habt ihr keine Stoffreste zur Hand, tun es auch ein paar ausrangierte Plastiktüten. Gewinnt zwar keinen Schönheitspreis, schützt aber vor blauen Flecken. Für den Fall, dass mal eine Leine reißt, packt ihr am besten eine Ersatzleine ein. Das Gleiche gilt für die Zeltstangen.

Von Matten und Säcken

Nach einem aufregenden und anstrengenden Tag dürfen am Abend eine vernünftige Unterlage und ein guter Schlafsack nicht fehlen. Doch wie schläft es sich am besten?

Der Klassiker ist die gute alte **Luftmatratze**. Zum Aufpumpen benötigt ihr einen Blasebalg, der zusätzliches Gepäck bedeutet. Keinesfalls leichter ist es, die eigenen Lungen arbeiten zu lassen. Weiterer Nachteil: Manchmal geht einer Matratze die Luft aus — und die Suche nach dem Loch ist nicht nur mitten in der Nacht alles andere als witzig.

Weil Luftmatratzen nicht gut nach unten isolieren, solltet ihr auf jeden Fall eine **Isomatte** darunterlegen. Auf der könnt ihr aber auch ganz ohne Luftmatratze schlafen, allerdings ist das ziemlich hart. Dafür ist eine **Isomatte** vielfältig einsetzbar, zum Beispiel als Unterlage vorm Lagerfeuer.

Etwas luxuriöser, da dicker, ist die Luftmatratzen-Isomatten-Kombination: die **selbstaufblasende Isomatte**, die sich nach dem Öffnen eines Ventils von selbst ausdehnt.

SELBSTAUFBLASENDE ISOMATTEN SIND SUPER FÜRS ZELTEN.

9,95 € FÜR DEN HIGH-TECH-SCHLAFKOMFORT.

WARUM WAR SIE NUR SO ...

... GÜNSTIG?

Wichtig ist auch ein guter **Schlafsack**. Offene Deckenschlafsäcke sind nur für den Sommerurlaub geeignet. Mit einem Mumienschlafsack zugedeckt, könnt ihr hingegen auch in kalten Nächten schön schlummern. Von Vorteil sind eine verdeckte Reißverschlussnaht sowie eine Kapuze. Sie hält bei Bedarf besonders warm.

Tipp: Wenn's tagsüber draußen eher nass ist, knuddelt euren Schlafsack gut zusammen. So wird er nicht feucht. Und: Wenn ihr ihn zusammenrollt, immer am Fußende anfangen, damit die Luft entweichen kann!

„Frostbeulen" nehmen zusätzlich eine leichte **Decke** mit. Sie ist nicht nur gut zum Zudecken, sondern auch am Tag prima als Unterlage oder Strandmattenersatz einsetzbar. Und wer nicht ohne **Kissen** schlafen will, kann entweder seine Jacke in den Schlafsackbeutel oder einen kleinen Kopfkissenbezug stecken oder packt ein aufblasbares Kopfkissen ein.

Die richtige Kleidung

Überlegt, wie viele Tage ihr unterwegs seid, und nehmt nur so viel Kleidung mit, wie ihr benötigt. Zwiebellook heißt das Zauberwort: Ist euch zu warm, legt ihr nach und nach eine Schicht ab. Friert ihr, zieht ihr einfach eine Lage nach der anderen wieder an.

Das sollte mit: Unterwäsche, Socken, dicke Wollsocken für abends und nachts, leichte Hosen, lang- und kurzärmelige Shirts, warmer Pulli, Regenjacke, Badelatschen, feste Schuhe, eventuell Gummistiefel, Schwimmsachen, Schlafanzug, Sonnenhut oder Bandana.

Auch für nachts gibt es eine Kleiderregel — vorausgesetzt, ihr habt einen warmen Schlafsack: Zieht darin möglichst wenig an. Wichtig ist, dass ihr den Reißverschluss bis obenhin schließt. Ihr werdet sehen: Euch wird warm!

Tipp: Wenn eure Schuhe pitschnass geworden sind, rammt einfach zwei Äste in den Boden und stülpt eure Schuhe darüber. So können sie prima trocknen und werden beim nächsten Regen nicht von innen nass. Super!

BIN DANN SO WEIT...

HANDGEPÄCK!

Erste-Hilfe-Ausrüstung

Ein Splitter im Finger, eine kleine Schnittwunde am Fuß oder ein Insektenstich: Gut, wenn man für solche Notfälle gewappnet ist.

Ins Erste-Hilfe-Täschchen gehören: Pflasterstreifen und Rollenpflaster, Verband, Schere, Desinfektionsspray, Fingerstülper zum Verbandschutz, Sonnenschutzmittel, Anti-Mücken-Mittel, Zeckenkarte, Mückenstift. Außerdem wichtig: ein ausreichender Impfschutz gegen Tetanus und Frühsommer-Meningoenzephalitis (FSME).

Für den Fall, dass ihr euch einmal schwerer verletzt habt, ein Feuer melden müsst oder unter einer Vergiftung leidet, notiert ihr am besten Folgendes auf einem Merkzettel:

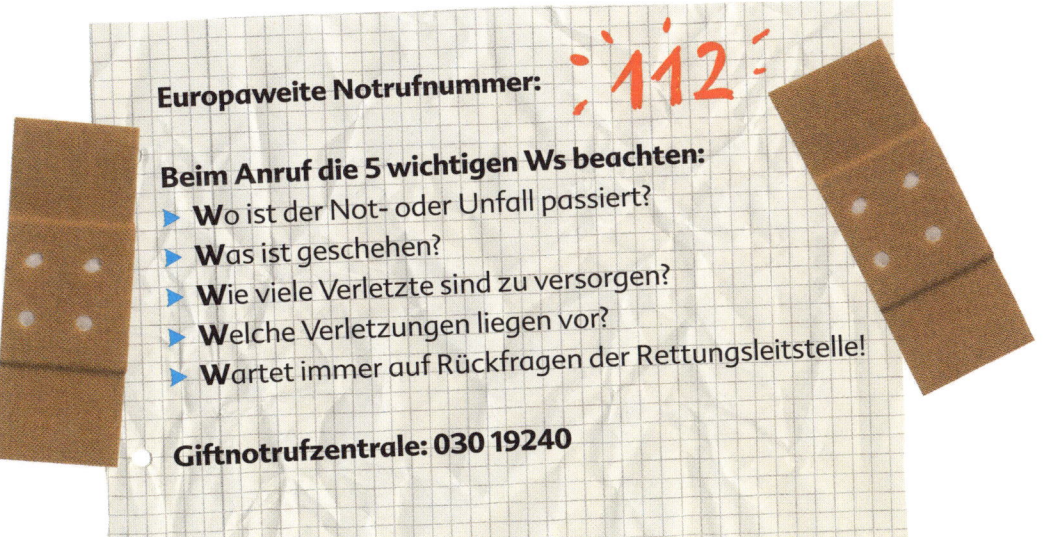

Europaweite Notrufnummer: 112

Beim Anruf die 5 wichtigen Ws beachten:
- ▸ **W**o ist der Not- oder Unfall passiert?
- ▸ **W**as ist geschehen?
- ▸ **W**ie viele Verletzte sind zu versorgen?
- ▸ **W**elche Verletzungen liegen vor?
- ▸ **W**artet immer auf Rückfragen der Rettungsleitstelle!

Giftnotrufzentrale: 030 19240

Ganz wichtig: Wenn ihr den Zeltplatz verlasst, sagt Bescheid und geht immer mindestens zu zweit. Sollte sich einer von euch verletzen, kann der andere Hilfe holen.

Eine Wäscheleine
muss mit!

Echt praktisch!

Warum braucht man zum Zelten eine Wäscheleine? Nach dem ersten Regenschauer wisst ihr's! Es gibt viele nützliche Dinge, die einem das Leben auf dem Zeltplatz erleichtern:

▶ Plastiktüten (unter anderem zum Müllsammeln),

▶ Nähzeug (wenn mal etwas reißt),

▶ Textil-Klebeband (provisorisches Hilfsmittel, zum Beispiel wenn ein Loch im Zelt geflickt oder eine gebrochene Zeltstange repariert werden muss),

▶ Gummihammer (für die Versenkung der Heringe),

▶ Handfeger und Putzlappen (um das Zelt beim Abbauen sauber und trocken zu machen),

▶ scharfes Taschenmesser mit abgerundeter Spitze (zum Schnitzen, Seilabschneiden oder in der Küche — Achtung: Unscharfe Messer erhöhen die Unfallgefahr!),

▶ Taschen- oder Stirnlampe,

▶ Karabinerhaken (damit ihr zum Beispiel eure Taschenlampe im Zelt aufhängen könnt und die Arme frei habt),

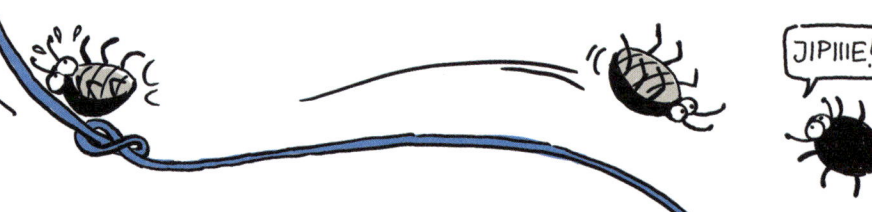

JIPIIIE!

- ▶ Trinkflasche,
- ▶ Zahnbürste, Zahnpasta, Haarbürste, Klopapier,
- ▶ Waschlappen und Handtuch (Tipp: je kleiner, desto platzsparender: zum Duschen ein einfaches Handtuch, fürs Gesicht einen Waschlappen verwenden!),
- ▶ Wäscheleine und Wäscheklammern (zum Schlafsack-Lüften oder Trocknen nasser Sachen),
- ▶ Ball, Frisbee-Scheibe oder Indiaca,
- ▶ Luftballons (für eine Wasserschlacht),
- ▶ Reflektoren mit Bändchen (prima Wegweiser für die Nachtwanderung oder auch zum Wiederfinden eures Zeltes im Dunkeln),
  Alternative: Knicklichter, die jedoch viel Müll verursachen,
- ▶ Bücher, Kartenspiel, Kuscheltier,
- ▶ Tischtennisschläger und Tischtennisbälle (eine Tischtennisplatte gibt es auf jedem Campingplatz),
- ▶ alte einfarbige T-Shirts und Bettlaken, Textilfarbe, Schminke, eine Schere und Bindfaden, falls ihr euch verkleiden oder etwas Lustiges basteln oder bauen wollt.

Die Outdoor-Küche

Damit es nicht jeden Tag trockenes Brot gibt, muss ein Essensplan her. Überlegt euch:

▶ Wie viele Personen seid ihr?
▶ Wie viele Tage bleibt ihr?
▶ Wie viele Mahlzeiten werdet ihr vor Ort vertilgen?

> Dann macht ihr eine Lebensmittel-Liste und packt so viel ein, wie nötig ist und ihr tragen könnt. ⊬⊬⊬

Praktisch sind: Müsli, Nüsse, Marmelade, Knäckebrot, Brühwürfel, Olivenöl, Brüh- und Grillwürstchen, Reis, Nudeln, Kartoffeln, Mehl, Zucker, Salz, Pfeffer und andere Gewürze, Zwiebeln, Trockenhefe, Marshmallows, „Futter" in Dosen (etwa Erbsen, Tomaten, Ravioli, Suppen etc.), Kekse, frisches Obst (zum Beispiel Äpfel), Wasser.

> **Tipp:** Für den ersten Abend auf dem Campingplatz bereitet ihr am besten noch zu Hause einen Nudelsalat vor.

Und noch ein Tipp: In einer viereckigen Schüssel mit Deckel könnt ihr eure Küchenausrüstung transportieren oder Lebensmittel, gut verschlossen, aufbewahren. Außerdem könnt ihr sie zum Spülen verwenden und sie in ein Tischchen verwandeln.

Zur Kochausrüstung gehören: Pfanne, Dosenöffner, zwei Töpfe, tiefe Teller oder Müslischalen, Alufolie (für Lagerfeuer-Leckereien), Becher, Löffel, Messer, Gabeln, Kochlöffel, Schälmesser, Schöpfkelle, Topflappen, Grillspieße, Grillzange, Rührschüssel, Schneidebrett, Butterbrotdosen, Spülmittel, Lappen, Geschirrtuch, Campingkocher mit Brennmaterial, Feuerzeug oder Streichhölzer, eine Spülschüssel aus Kunststoff.

Tipp: Nehmt Teller und Becher aus Kunststoff sowie älteres Besteck mit, das einen Kratzer abbekommen darf. Wenn ihr mehrere Töpfe einpackt, achtet darauf, dass sie ineinanderpassen. Das spart Platz!

Klar, man kann einfach einen Topf über ein Feuer hängen. Sicherer ist jedoch ein Campingkocher.

Verschiedene Campingkocher

▶ Kocher mit Gasflasche: Nur etwas für Camper, die mit dem Auto unterwegs sind.

▶ Kocher mit Gaskartuschen: Die Kartuschen sind klein, leicht und überall zu kaufen. Achtung: Es gibt Kocher für Steck- und Kocher für Schraub-Kartuschen.

▶ Spirituskocher: Unverwüstlich und — anders als die Gaskocher — auch bei Wind gut einsetzbar. Aber es dauert länger, Wasser zum Kochen zu bringen.

Zelten ist einfach gemütlich!

Der beste Standort fürs Zelt

Endlich angekommen! Bevor ihr euer Zelt aufschlagt, meldet ihr euch an der Rezeption an. Dann geht's auf die Suche nach dem besten freien Platz. Seht euch in Ruhe um. Dabei sind einige wichtige Kriterien zu beachten.

Der richtige Boden: Der Boden sollte schön gerade sein — und möglichst nicht zu hart. Denn das hat den Nachteil, dass Regenwasser schlecht abfließen kann und außerdem die Heringe schwerer versenkt werden können. Ideal ist ein schöner Rasenplatz.

Der Wind: Wer sich einen Platz auf einer freien Fläche oder einem Hügel sucht, bietet dem Wind viel Angriffsfläche. Gibt es keine Alternativen, achtet darauf, dass die Leinen stramm gespannt sind. So ist die Angriffsfläche kleiner, außerdem kann das Regenwasser besser ablaufen. Ist es während eures Urlaubs richtig heiß, werdet ihr auf freier Fläche schon früh am Morgen von der brennenden Sonne geweckt.

Die Bäume: Nicht alles Gute kommt von oben: ....Wird's mal stürmisch, können Äste herabfallen. Auch im Falle .... eines Gewitters ist hier kein guter Standort: Blitzgefahr! Und wenn ....es regnet, tropft es unter einem Baum auch dann noch, wenn der .... Schauer schon längst vorüber ist. Eine gute Alternative ist es, sein.... .... Lager in der Nähe von Bäumen, Büschen oder Hecken aufzu-...... .... schlagen. So kann man trotzdem noch von ihrem Schatten .... profitieren, hat ein bisschen Sichtschutz und kann prima .... seine Wäscheleine an den Bäumen befestigen.

Das Wasser: Baut das Zelt nicht in einer Kuhle oder einer Senke auf. Denn wenn es stark regnet, sammelt sich hier — besonders bei harten Böden — das Wasser. Sollte es auf eurem Platz einen See oder Fluss geben, sind die Plätze direkt am Wasser wahrscheinlich die schönsten. Doch bedenkt: Erstens gibt es hier mehr Mücken. Zweitens zieht es viele andere Camper zum Baden dorthin. Und drittens ist es gerade abends und nachts am Wasser immer feuchter.

Das Zelt aufbauen und sich einrichten

Oberste Camping-Regel: Zuerst das Zelt aufbauen, denn später könnte es regnen oder die Dämmerung überrascht euch. Hier ein paar Tipps, damit der Aufbau gelingt:

▶ Reist ihr mit dem Auto an, packt euer Zelt als Letztes ein. Dann habt ihr es auf dem Campingplatz sofort griffbereit.

▶ Habt ihr eine Feuerstelle in der Nähe eures Zeltes, sorgt für einen ausreichenden Abstand.

▶ Schaut, dass der Boden frei von Ästen, Steinen und Co. ist. Sie können rasch für Löcher in eurem Zeltboden sorgen.

▶ Dann Plane auslegen und Aufbauanleitung lesen!

▶ Das Zelt mit verschlossenem Eingang aufstellen. Sonst ist es später schwierig, den Reißverschluss herunterzuziehen.

▶ Achtet darauf, dass der Eingangsbereich eures Zeltes nicht in die Hauptwindrichtung zeigt.

▶ Haut die Heringe mit dem Gummihammer schräg zur Zugrichtung der Leinen in den Boden.

- ▶ Achtet darauf, dass die Heringe ganz im Boden stecken. Verletzungsgefahr! Lassen sich die Heringe nicht ganz versenken, deckt sie ab, etwa einem aufgeschnittenen Tennisball.
- ▶ Zum Schluss zieht ihr die Abspannleinen mithilfe der Zuglaschen fest. Wenn ihr euer Zelt am Nachmittag errichtet habt, hängen Stoff und Leinen am Abend vielleicht etwas durch. Spannt einfach nach.
- ▶ Nun könnt ihr eure Sachen einräumen. Rucksack und Küchenequipment kommen in den Vorraum. Legt den Schlafsack auf eure Isomatte oder Luftmatratze mit dem Kopf- oder Fußende zum Zelteingang, also nicht quer, dann braucht ihr beim Rein- und Rausschlüpfen nicht über die anderen Kinder zu klettern.

Tipp: Sind kräftige Schauer angesagt, schaufelt einen Graben um euer Zelt. So verhindert ihr, dass Wasser unter euer Zelt läuft und von unten durchgedrückt wird.

Noch ein Tipp: Braucht ihr Hilfe? Fragt einfach eure Nachbarn.

Was beim Camping richtig nervt

Auf jedem Campingplatz gelten Regeln, an die sich alle halten sollten. Zugegeben: Manche Vorschriften erscheinen ein bisschen übertrieben. Fest steht aber: Es gibt Sachen, die alle Camper nerven und die man daher auf jeden Fall vermeiden sollte:

▶ herumliegenden Müll,
▶ frei laufende Hunde,
▶ Radau und Remmidemmi zwischen 22 und 8 Uhr,
▶ wenn Camper über fremde Parzellen stiefeln.

Aber auch andere Sachen können einen ganz schön verrückt machen:

▶ Wenn man nichts wiederfindet -> Darum möglichst alles sofort wieder an seinen Platz räumen.

▶ Wenn sich niemand um den Abwasch kümmert -> Wechselt euch ab!

▶ Wenn die Duschkarte abläuft, aber noch Schaum in den Haaren ist -> Dann geht's nur mit kaltem Wasser weiter.

▶ Wenn der Weg zum Klo nachts zu weit und zu gruselig ist -> Früh genug loslaufen und Taschenlampe mitnehmen!

▶ Wenn Tiere in euren Mülltüten wühlen -> Werft euren Müll immer sofort in einen Müllcontainer, bevor ihr den Campingplatz für einen Ausflug verlasst oder abends in eure Schlafsäcke kriecht! Weitere Möglichkeit: Die geschlossene Mülltüte an die Wäscheleine hängen.

▶ Wenn Mücken stechen -> Nehmt auf jeden Fall Mückenschutzmittel mit.

Wenn sich ein Bär für euer Zelt oder eure Vorräte interessiert, bleibt nicht viel übrig.

Zelten in Amerika

Wer in den USA oder Kanada unterwegs ist, muss auf eins gefasst sein: Bären. Kommt ihr ihnen zu nah, greifen sie an. Wie ihr euch schützen könnt? Am besten, indem ihr viel Lärm macht, zum Beispiel mit lauter Musik, einer Glocke oder klapperndem Geschirr.

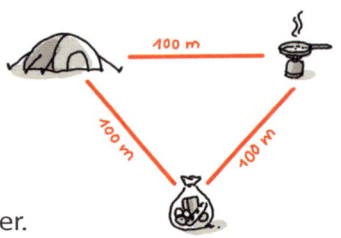

Wenn ihr in einer Gegend zeltet, wo es Bären gibt, legt ein Dreieck mit je einer Ecke für Zelt, Kochstelle und Proviant an. Der Abstand zwischen den Ecken sollte jeweils 100 m betragen. Das ist ganz schön viel, aber so zeltet ihr sicherer.

Euer Proviant gehört in einen bärensicheren Behälter und wird an einem stabilen Ast aufgehängt. Abstand zum Stamm: 3 m, Abstand zum Boden: 5 m. Wichtig: Nichts mit starkem Geruch mit ins Zelt nehmen! Starke Gerüche locken Bären an.

VIELE GRÜSSE AUS DER SÜDSEE!

MEINE MOMENTANE ADRESSE:

_____

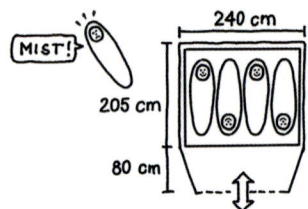

SCHON GEPACKT?

ICH MACH'S MIR KUSCHELIG!

SPEISEPLAN:

WICHTIGE MITTEILUNG:

GUTEN APPETIT!

ENDLICH MAL CHILLEN!

DU BIST DRAN !!!

HUNGER!!!

ZUM ZELTPLATZ

MEGA CAMP

AUF GUTE NACHBARSCHAFT!

Camping ist schön!

Ob Bären oder Mücken — Camping macht trotzdem riesigen Spaß:
▶ Morgens mit den Füßen im taunassen Gras statt auf dem Teppich landen,
▶ den ganzen Tag in der Natur unterwegs sein,
▶ abends am Lagerfeuer eine Wurst brutzeln,
▶ hinauf zu den Sternen gucken und sich Gruselgeschichten erzählen.

Viele Campingplätze haben außerdem tolle Angebote für Kinder. Fragt einfach an der Rezeption oder eure Nachbarn. Was ihr sonst noch machen könnt, findet ihr auf den nächsten Seiten.

Super ist das Bemalen und Hissen einer eigenen Zeltflagge oder eines Banners. Überlegt euch einen Namen und ein Zeichen für eure Truppe, pinselt beides auf ein ausrangiertes Laken, befestigt es an einem dicken Ast und stellt ihn auf eurem Zeltplatz auf.

Auch ein Schlachtruf kommt immer gut an, zum Beispiel:

ZICKEZACKE
ZICKEZACKE

Piraten, Indianer und Co.

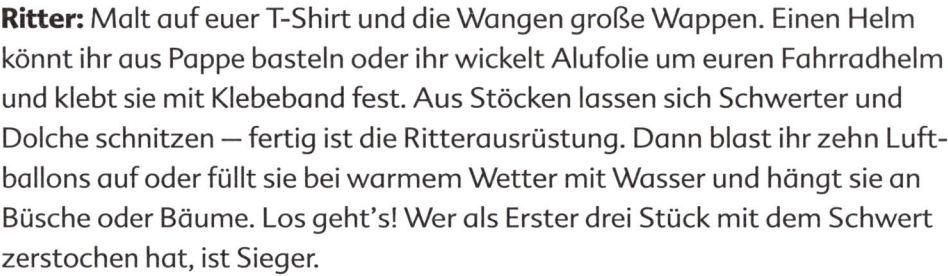

Wie wär's mit einem Motto für euer Zeltlager?

Ritter: Malt auf euer T-Shirt und die Wangen große Wappen. Einen Helm könnt ihr aus Pappe basteln oder ihr wickelt Alufolie um euren Fahrradhelm und klebt sie mit Klebeband fest. Aus Stöcken lassen sich Schwerter und Dolche schnitzen — fertig ist die Ritterausrüstung. Dann blast ihr zehn Luftballons auf oder füllt sie bei warmem Wetter mit Wasser und hängt sie an Büsche oder Bäume. Los geht's! Wer als Erster drei Stück mit dem Schwert zerstochen hat, ist Sieger.

Piraten: Auf dem T-Shirt eines gefährlichen Seeräubers prangt ein Totenkopf oder ein Hai. Mit schwarzer Schminke könnt ihr euch eine Augenklappe, einen Stoppelbart und Tätowierungen ins Gesicht malen. Dazu ein Kopftuch umbinden — fertig! Messt euch im Armdrücken oder baut aus Stöckchen kleine Flöße und startet eine Regatta.

Indianer: Wer sich auf die Spuren von Yakari, Winnetou und Co. begibt, malt auf sein T-Shirt bunte Muster. Dazu passt eine gefährlich aussehende Kriegsbemalung, zum Beispiel Streifen im Gesicht. Findet ihr Federn, könnt ihr euch ein optimales Stirnband basteln. Gebt euren Zelten typische indianische Namen wie „Duftender Morgen", „Bleibt standfest" oder „Großer weißer Wolf". Spielidee: Sammelt kleine Steine und buddelt eine Mulde. Wer schafft es als Erster, seine Steine aus zwei großen Schritten Entfernung dort zu versenken?

Zirkus: In der Manege ist immer etwas los! Tierisch gut: Tiger-, Löwen- und Affen-Masken. Dazu benötigt ihr nur Pappe, Stifte und Hutgummis. Wer sich als Clown verkleiden möchte, verziert sein T-Shirt mit bunten Streifen und malt sich die Nase rot. Und schon startet der Grimassen-Wettbewerb (die gruseligste, die lustigste, die gefährlichste ... Grimasse). Oder ihr füllt einen Becher mit Wasser, stellt ihn auf einen Teller und legt eine Strecke fest: Wem gelingt es, mit vollem Becher im Ziel anzukommen?

Fahne klauen

Teilt euch in zwei Gruppen auf. Jedes Team bekommt eine Fahne. Legt ein Spielfeld fest und unterteilt es in zwei Hälften — eine Hälfte für jedes Team. In jeder Hälfte wird ein Gefängnis markiert. Dann versteckt jedes Team seine Fahne in seiner Hälfte.

Los geht's! Jedes Team versucht, die gegnerische Fahne zu erobern und gleichzeitig die eigene zu schützen. Wer von einem Gegner berührt wird, muss ins gegnerische Gefängnis. Man kann befreit werden, wenn man von einem Mitglied seines eigenen Teams berührt wird. Damit das möglich ist, müssen die Gegner mindestens drei große Schritte vom Gefängnis entfernt bleiben. Hat ein Spieler die Fahne erwischt, wird aber von einem Gegner berührt, bevor er die eigene Hälfte erreichen kann, muss die Fahne erneut versteckt werden.

Es gewinnt das Team, das es als erstes schafft, die gegnerische Fahne in die eigene Hälfte zu bringen.

Sockenspiele

Sockenraten: Bestimmt zwei Kinder als Spielleiter und gebt ihnen mindestens zehn Socken. Die werden jetzt unbemerkt von den Spielleitern mit verschiedenen Sachen gefüllt und an der Wäscheleine aufgehängt. Der Reihe nach darf nun jedes Kind die Socken anfassen und auf einen Zettel schreiben, was es darin vermutet. Wer am Ende die meisten Sachen richtig geraten hat, ist Sieger.

VORHER UNBEDINGT SCHLIESSEN !!!

Sockenweitschießen: Ein Spiel, bei dem die Spülschüssel und eure dicken Wollsocken zum Einsatz kommen. Füllt die Schüssel mit Wasser und stellt sie an den Startpunkt. Dann zieht jedes Kind eine dicke Socke an. Ein Mitspieler nach dem anderen taucht nun seinen Fuß ins Wasser und versucht dann, die Socke wegzuschießen. Dazu bewegt ihr euer Bein ruckartig nach vorn. Das Kind, dessen Socke am weitesten geflogen ist, gewinnt.

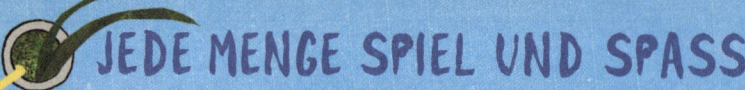

Verstecken mit Geheimbotschaften

Zu jedem Zeltlager gehört eine Schnitzeljagd nach Pfadfinderart. Teilt euch in zwei Gruppen auf. Die erste Gruppe geht vor und hinterlässt der Verfolgergruppe verschlüsselte Botschaften, die ihr möglichst unauffällig am Wegesrand platziert. Die zweite Gruppe nimmt zehn Minuten später die Fährte auf.

Am besten übt ihr die Herstellung und das Hinlegen der Zeichen vorher. Man sollte sie so unauffällig zurücklassen, dass sie nur von geübten Augen erkannt werden. Ihr könnt die Botschaften aus herumliegenden Ästen, Holz oder Steinen legen. Oder ihr ritzt sie vorsichtig mit einem Ast in den Boden. Verwendet kein Papier, denn das könnte vom Wind weggeweht werden.

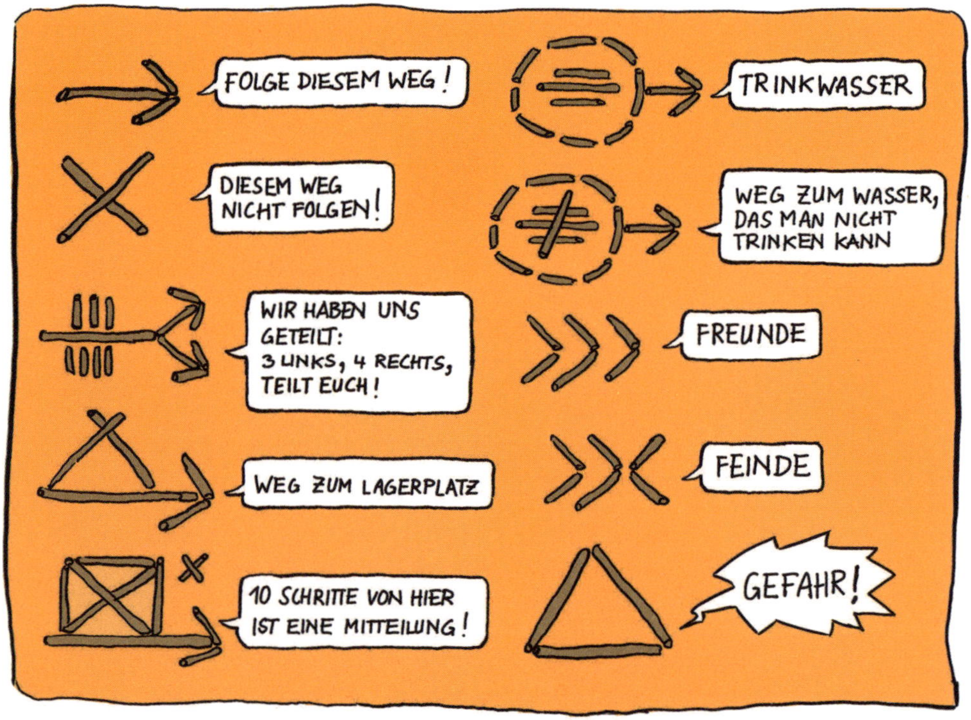

FOLGE DIESEM WEG !

TRINKWASSER

DIESEM WEG NICHT FOLGEN !

WEG ZUM WASSER, DAS MAN NICHT TRINKEN KANN

WIR HABEN UNS GETEILT: 3 LINKS, 4 RECHTS, TEILT EUCH !

FREUNDE

WEG ZUM LAGERPLATZ

FEINDE

10 SCHRITTE VON HIER IST EINE MITTEILUNG !

GEFAHR !

Schnitzt euch was!

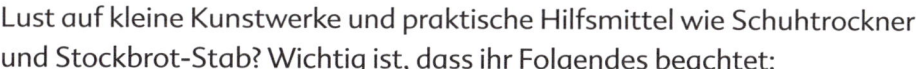

Lust auf kleine Kunstwerke und praktische Hilfsmittel wie Schuhtrockner und Stockbrot-Stab? Wichtig ist, dass ihr Folgendes beachtet:

- ▶ Wer schnitzt, der sitzt.
- ▶ Schnitzt immer vom Körper weg!
- ▶ Schnitzt immer so, dass die Hand, die das Holz hält, hinter dem Messer liegt und nicht davor.
- ▶ Verwendet kein trockenes, sondern frisches Holz, zum Beispiel Birke, Haselnuss oder Linde.
- ▶ Setzt euch weit genug auseinander, um Verletzungen zu vermeiden.

Astmikado

Sammelt unterschiedlich dicke Äste. Markiert einen davon, indem ihr mit eurem Schnitzmesser ein Muster hineinritzt. Werft alle Stöcke auf den Boden und versucht, einen nach dem anderen aus dem Haufen zu nehmen, ohne dass die anderen wackeln. Für jeden Stock gibt's einen Punkt, für den markierten Ast gleich zehn. Gewonnen hat, wer nach fünf Runden die meisten Punkte hat.

Tipps für Freiluftköche

Auf den nächsten Seiten könnt ihr nachlesen, wie ihr in eurer mobilen Küche leicht und lecker satt werdet. Die Mengenangaben gelten meist für eine Person, also immer ausrechnen, wie viel ihr für eure ganze Truppe braucht.

Wichtige Hinweise zum Campingkocher:

▶ Gebrauchsanweisung lesen!

▶ Den Kocher nur gemeinsam mit einem Erwachsenen benutzen!

▶ Für einen sicheren Stand sorgen! Wenn der Kocher wackelt, wird's gefährlich.

▶ Da die Temperatur auf dem Campingkocher schnell steigt, immer gut umrühren, damit nichts anbrennt!

Draußen Selbstgebrutzeltes essen — einfach doppelt lecker!

Und hier noch ein paar Koch- und Spültipps:

▶ Tiere lieben Vorräte. Darum verstaut ihr eure Lebensmittel in verschließbaren Dosen oder Kisten oder hängt sie, gut verpackt, an eure Wäscheleine.

▶ Versucht, beim Essen möglichst alle Sachen zu verputzen und nichts übrig zu lassen.

▶ Wenn ihr nach dem Essen alles sofort spült, geht euch das leichter von der Hand als am nächsten Morgen, wenn die Überbleibsel angetrocknet sind. Hartnäckige Essensreste lassen sich mit Sand wegschrubben.

▶ Kauft keine leicht verderblichen Sachen wie Milch oder frisches Fleisch auf Vorrat, denn ihr habt ja keinen Kühlschrank!

Heißes vom Campingkocher

Auch wenn ihr ein paar Tütensuppen oder Eintöpfe in Dosen mitgenommen habt: Frisch gekocht schmeckt's am besten. Schnell die Aufgaben für Schnipseln, Umrühren und Co. verteilen — schon kann's losgehen.

Für 1 Risi-Bisi-Portion braucht ihr: 1 Zwiebel, etwas Öl, ½ Becher Reis, 1 Becher warmes Wasser, 1 Brühwürfel, ½ Dose Erbsen und/oder Mais, etwas Butter, Salz und Pfeffer.

Und so wird's gemacht:

1. Schält die Zwiebel und schneidet sie klein.
2. Lasst das Öl in einem Topf heiß werden und gebt dann die Zwiebelwürfel hinein.
3. Nun den Reis und das Wasser mit dem aufgelösten Brühwürfel dazugeben, umrühren und das Ganze 20 Minuten quellen lassen.
4. Kurz bevor der Reis gar ist, die Erbsen (den Mais) hineinschütten.
5. Zum Schluss ein wenig buttern, salzen und pfeffern.

Wie wär's mit ein paar frischen Kräutern obenauf?

Für 1 Tortilla braucht ihr: 2 Eier, 1 kleine Tasse Mineralwasser mit Kohlensäure, Salz und Pfeffer, 2 Tomaten, 1 Zwiebel, etwas Öl, 1 Päckchen Fetakäse.

Und so wird's gemacht:

▶ Verquirlt die Eier mit dem Mineralwasser.

▶ Würzt das Ganze mit Salz und Pfeffer.

▶ Wascht die Tomaten, schält die Zwiebel und schneidet beides klein.

▶ Gebt das Öl in eure Pfanne und dünstet die Zwiebelstückchen darin.

▶ Fügt die Tomatenstückchen hinzu und bratet sie zwei Minuten mit.

▶ Zerbröselt den Fetakäse, gebt ihn dazu, rührt kräftig um und gießt dann die Eiermasse dazu.

▶ Nun das Ganze etwa 5 Minuten braten.

WER NICHT DRÄNGELT, BEKOMMT VIELLEICHT DEN REST...

Für Tortillas könnt ihr verschiedene Gemüsesorten verwenden — Hauptsache, schön klein geschnitten!

Lagerfeuer? Aber sicher!

Nicht nur Indianer und Cowboys lieben Lagerfeuer! Jeder, der schon einmal im Schneidersitz verträumt den Flammen zugeschaut und dabei ein paar Witze, Rätsel oder Lieder zum Besten gegeben hat, weiß: Ein Lagerfeuer ist was Feines. Gerade dann, wenn der Himmel sein Licht ausknipst. Beim Aufbau und Anfeuern gibt's wichtige Dinge zu beachten.

Sicherheitshinweise:
▶ Auf vielen Campingplätzen sind Lagerfeuer verboten. Vielerorts gibt es aber extra dafür vorgesehene Stellen. Fragt an der Rezeption!
▶ Ein Lagerfeuer immer nur gemeinsam mit einem Erwachsenen machen.
▶ Achtet auf ausreichenden Abstand zu allem Brennbaren (Zelt, Bäume, Möbel ...) und auf den Wind. Denn der kann für einen kräftigen und gefährlichen Funkenflug sorgen.
▶ Haltet für den Notfall immer eine Schüssel Wasser zum Löschen bereit.

Steine verhindern, dass sich
das Feuer ausbreitet.

Und so wird's gemacht:

▶ Sucht trockene Äste, herabgefallene Zapfen und trockene Blätter.

▶ Legt zwei starke Äste oder Stämme parallel auf den Boden. Dazwischen packt ihr die Zapfen und die ganz dünnen Äste. Nun legt ihr in Schichten nacheinander die Äste aufeinander. Beginnt mit den dicken und endet mit den dünneren Ästen.

▶ Bittet einen Erwachsenen, das Feuer in der Mitte mithilfe eines Papiers oder eines dünnen Astes anzuzünden.

▶ Wollt ihr das Feuer löschen, verteilt das Brennmaterial mit einem Stock und gießt vorsichtig Wasser darauf, bis es nicht mehr dampft.

▶ Zum Schluss streut ihr Sand oder Erde drüber. Vergewissert euch, dass das Feuer auf keinen Fall wieder aufflammen kann.

Lagerfeuer-Leckereien

Töpfe sind tabu: Ein spitzer Stock oder ein Stück Alufolie reicht, um ein paar Köstlichkeiten am Lagerfeuer zuzubereiten.

Stockbrot für acht Kinder: Mischt 500 g Mehl, 1 Päckchen Trockenhefe, 2 Teelöffel Salz, 2 Esslöffel Öl und 250 ml lauwarmes Wasser und knetet alles gut durch. Dann lasst ihr den Teig etwa eine Stunde lang gehen, bis er deutlich größer geworden ist. Rollt den Teig in 2 cm dicke und ungefähr 30 cm lange Würstchen und wickelt sie um einen fingerdicken frischen Zweig. Jetzt nur noch über die Glut halten und immer wieder drehen, bis das Brot goldgelb ist.

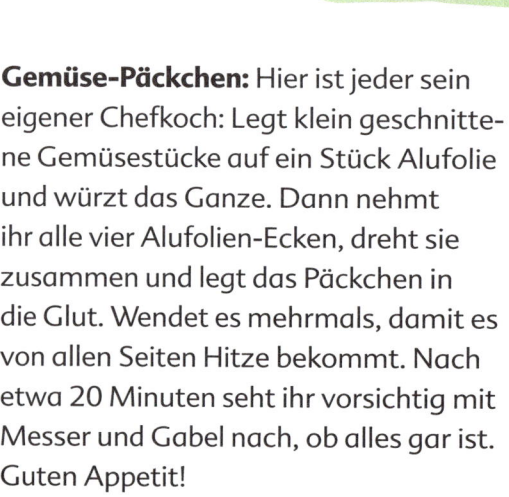

Gemüse-Päckchen: Hier ist jeder sein eigener Chefkoch: Legt klein geschnittene Gemüsestücke auf ein Stück Alufolie und würzt das Ganze. Dann nehmt ihr alle vier Alufolien-Ecken, dreht sie zusammen und legt das Päckchen in die Glut. Wendet es mehrmals, damit es von allen Seiten Hitze bekommt. Nach etwa 20 Minuten seht ihr vorsichtig mit Messer und Gabel nach, ob alles gar ist. Guten Appetit!

LECKER!

Gebackene Kartoffeln: Einfach die Kartoffeln in Alufolie wickeln und in die Glut legen. Mit einer Gabel könnt ihr vorsichtig hineinstechen und prüfen, ob sie weich sind. Ein Klecks Butter drauf und etwas salzen: Hhhmmmm!

Würstchen: Einfach Grillwürstchen aufspießen und übers Feuer halten. Mit Ketchup oder Senf einfach lecker!

Marshmallows: Ganz einfach, aber köstlich. Einen Marshmallow oder ein Stück Mäusespeck auf euren Stock spießen und über die Glut halten. Vitamin-Variante: Schneidet frisches Obst (Äpfel, Birnen oder Bananen) in Stücke und spießt sie abwechselnd mit den Marshmallows auf.

EIN TRAUM!

NOCH EIN TRAUM!!

Karamell-Äpfel: Spießt einen Apfel auf einen Stock und haltet ihn — nicht zu dicht — übers Feuer. Sobald die Schale beginnt, sich zu lösen, taucht ihr den Apfel rundherum in Zucker und haltet ihn wieder übers Feuer. Hat sich der Zucker in eine Karamellkruste verwandelt, ist der Apfel fertig. Abgekühlt eine Köstlichkeit!

Ob gleich eine Sternschnuppe über den Himmel huscht?

BIS MORGEN!

Wenn der Tag zu Ende geht

Im Dunkeln sieht plötzlich alles anders aus: Der Baum ist riesig und unheimlich, der Weg viel unebener und ins Nichts führend, es ist still geworden und von irgendwoher kommen unbekannte Geräusche.

Damit ihr euch auch im Dunkeln auf dem Campingplatz gut zurechtfindet, prägt ihr euch am besten schon im Hellen den Weg von eurem Zelt zu den Toiletten gut ein. Bäume, markante Gegenstände wie euer Banner und am Zelt baumelnde Reflektoren helfen euch.

Auf den nächsten Seiten findet ihr Ideen für spannende Expeditionen in die Dunkelheit.

SCHAU DIR MAL DEN HIMMEL, DIE STERNE UND DEN MOND AN. WAS SAGT DIR DAS?

DASS WIR SCHÖNES WETTER BEKOMMEN.

MIR SAGT DAS: UNSER ZELT IST GESTOHLEN !!!

Eine Nachtwanderung

Lust auf eine Wanderung durch die Dunkelheit? Damit ihr beim Wandern unterm Sternenzelt viel Freude habt, solltet ihr Folgendes beachten:

- ▶ Begebt euch nie allein auf eine Nachtwanderung, sondern immer mit einem erwachsenen Begleiter.
- ▶ Achtet darauf, dass eure Gruppe zusammenbleibt.
- ▶ Wird einem von euch die Sache zu unheimlich, kehren alle zum Zelt zurück.
- ▶ Zieht euch warm genug an. Denn nachts ist es nicht nur kälter, sondern meist auch feuchter als tagsüber.
- ▶ Tragt feste Schuhe. Gerade im Dunkeln kann man schlechter erkennen, wohin man tritt.
- ▶ Nehmt etwas zu trinken mit, denn Laufen macht durstig. Auch ein paar Äpfel oder Kekse können nicht schaden.
- ▶ Eure Taschenlampen müssen auf jeden Fall mit!

Nachts im Wald

Für eine richtig gruselige Nachtwanderung könnt ihr zwei Kinder wählen, die ein paar Überraschungen vorbereiten. Oder ihr bittet einen Erwachsenen darum. Hier ein paar Ideen:

▶ Irgendwo hängt ein Bettlaken von einem Ast herunter und weht schaurig im Wind.

▶ Jemand hat sich hinter einem Baum versteckt, springt vor euch auf den Weg und ruft laut: „Huh!"

▶ An einigen Ästen hängen aus Pappe ausgeschnittene und mit grellen Farben bemalte Gruselfratzen, die gespenstisch leuchten, wenn ihr sie mit euren Taschenlampen anstrahlt.

▶ Und wie wär's, wenn plötzlich aus einem Smartphone oder CD-Player angsteinflößende Geräusche zu hören zu wären, zum Beispiel das Heulen eines Wolfs oder das Knurren eines Hundes?

Fackelwanderung am Strand

Eine Nachtwanderung muss jedoch nicht immer gruselig sein. Was haltet ihr stattdessen von einer Fackelwanderung am Strand? Genauso gut könnt ihr auch über einen Feldweg oder eine Wiese wandern — Hauptsache, ihr zündet nichts an. Wer keine fertige Fackel hat, stellt sich selbst eine her.

Ihr braucht: Kerzenreste, 1 leere Konservendose, Campingkocher, 1 Jutestoff-Streifen (ca. 15 x 100 cm), 1 Stock, Baumwollschnur.

Und so wird's gemacht:
1. Lasst die Kerzenreste in der Konservendose auf dem Campingkocher schmelzen.
2. Wickelt den Jutestoff-Streifen um den Stock und bindet ihn mit der Schnur fest.
3. Taucht die umwickelte Stoffspitze in das flüssige Wachs. Holt sie wieder heraus und lasst das Wachs fest werden. Wiederholt diesen Vorgang mehrmals.
4. Anzünden, los geht's!

Wichtig: Lasst euch auf jeden Fall von einem Erwachsenen helfen!

Den Nachthimmel erforschen

In der Stadt ist es nie richtig dunkel — auch nachts nicht. Straßenlaternen, die Scheinwerfer der Autos und die Lampen in den Häusern sorgen für jede Menge Licht. Anders auf dem Land: Dort erscheint der Himmel so dunkel, dass ihr die Sterne und den Mond gut erkennen könnt — vorausgesetzt, es gibt keine Wolken. Also: Augen auf und ein bisschen Geduld haben!

✗ „HALLO! DU AUCH HIER?"

KLEINER WAGEN

POLARSTERN

GROSSER WAGEN

REGENMEER

MEER DER HEITERKEIT

MEER DER GEFAHREN

WOLKENMEER

KRATER TYCHO

Fledermäusen auf der Spur

Wenn es dunkel wird, verlassen die Fledermäuse ihre Höhlen, um Insekten zu fangen. Dabei senden sie Töne aus, die so hoch sind, dass wir Menschen sie nicht hören können. Prallen die Schallwellen auf ein Beutetier oder ein Hindernis, werden sie zurück zur Fledermaus geschickt. Auf diese Weise finden sich die Tiere in der Dunkelheit zurecht.

Habt ihr Lust, Fledermäusen auf die Spur zu kommen? Dann erkundigt euch an der Rezeption nach Führungen. Die werden oft von Naturschutzvereinen angeboten, die spezielle Geräte haben, die die Töne der Fledermäuse für uns hörbar machen.

Das Große Mausohr ist sehr verbreitet.

Ratespaß vorm Einschlafen   ...?...!

Einer von euch erzählt eine Geschichte — allerdings nur mit ganz wenigen Infos. Um die Knobelaufgabe zu lösen, müssen die anderen Fragen stellen — aber nur solche, die der Erzähler mit „ja", „nein" oder „unwichtig" beantworten kann. Los geht's!

Drei Schwäne: Drei Schwäne schwimmen hintereinander im See. Der erste Schwan sagt: „Hinter mir schwimmen zwei Schwäne." Der zweite Schwan sagt: „Vor mir schwimmt ein Schwan und hinter mir schwimmt ein Schwan." Der dritte Schwan sagt: „Vor mir schwimmen zwei Schwäne und hinter mir schwimmt ein Schwan." Was ist hier passiert?

Lösung: Der dritte Schwan hat gelogen.

Heinz: Heinz lebte alleine. Er hatte nie Besuch und besuchte auch selbst niemanden. Alle zwei Wochen wurde ihm alles gebracht, was er benötigte. In einer dunklen, stürmischen Nacht schnappte Heinz über. Er wusch sich, putzte sich die Zähne, machte das Licht aus und ging schlafen. Das kostete mehrere Menschen das Leben! Was ist passiert?

Lösung: Heinz war Leuchtturmwärter. Hätte er nur das Licht nicht gelöscht ... dann wären nicht so viele Schiffe an der Küste zerschellt.

Paul und Paula: Ihr kommt in ein Zimmer. Dort findet ihr Paul und Paula tot auf dem Boden liegen. Es ist kein Blut zu sehen, jedoch ist der Teppich unter den Verblichenen nass. Außerdem findet ihr auf dem Teppich zerbrochenes Glas. Das Fenster zum Garten steht weit offen. Warum?

Lösung: Paul und Paula waren Goldfische. Sie schwammen in einem Goldfischglas auf dem Tisch in der Nähe des Fensters, das nur angelehnt war. Eine Windböe hat das Fenster aufgedrückt, das Glas wurde dabei vom Fenster heruntergestoßen und zerbrach.

Der Mann im Aufzug: Ein Mann wohnt im 24. Stockwerk eines Düsseldorfer Hochhauses. Jeden Morgen, wenn er zur Arbeit geht, steigt er in den Aufzug und fährt ins Erdgeschoss. Abends fährt er jedoch nur bis in den 18. Stock und geht die anderen Stockwerke zu Fuß. Regnet es aber, fährt er bis in den 24. Stock. Warum?

Lösung: Der Mann ist sehr klein und reicht nur bis zur Taste für das 18. Stockwerk. Wenn es jedoch regnet, erreicht er mithilfe seines Regenschirmes auch den Knopf für den 24. Stock.

Wenn die Stimmung kippt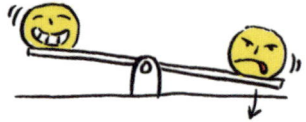

Eigentlich habt ihr euch auf ein paar schöne Tage gefreut. Doch dann gibt's auf einmal Ärger mit dem Kumpel, Zickerei mit der Freundin oder eine Heimweh-Attacke. Was tun?

Streit: Meist hilft es, sich erst einmal zurückzuziehen und nachzudenken. Doch durch Dauerschweigen lassen sich die wenigsten Konflikte aus dem Weg räumen. Redet miteinander und sucht eine Lösung. Meist ist ein Kompromiss eine gute Sache, weil beide Seiten etwas nachgeben müssen.

Heimweh: Das kann und darf jeden treffen. Redet mit eurem Zeltnachbarn darüber — vielleicht geht es ihm oder ihr genauso. Oder vertraut euch einem Erwachsenen an. Wenn beides nicht hilft, zu Hause anrufen.

Angst: Was war das denn für ein komisches Geräusch? Ein wildes Tier oder doch nur der schnarchende Nachbar? Wer zeltet, hört jede Menge Unbekanntes. Auch hier gilt: Schweigen verboten! Fragt euren Zeltnachbarn, ob er oder sie es auch gehört hat. Diskutiert darüber, was es wohl sein kann. Knipst die Taschenlampe an — Licht vertreibt nicht nur Schatten, sondern auch so manche Angst.

Erste Hilfe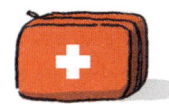

Zeigt jede Verletzung sofort einem Erwachsenen und lasst sie sofort behandeln, damit sie nicht schlimmer wird oder sich entzündet.

Schürfwunden: Mit klarem Wasser reinigen, dann desinfizieren und mit einem Pflaster oder einer Wundauflage abdecken.

Blasen: Barfuß in Turnschuhen — da sind Blasen vorprogrammiert. Ein Pflaster schafft Abhilfe. Die betroffene Stelle nachts freilegen, dann heilt sie besser.

Verbrennungen: Sobald die Haut rot wird, schmerzt's. Fließendes kaltes Wasser tut gut. Habt ihr eine Wund- und Heilsalbe im Gepäck, könnt ihr sie dünn auftragen.

AUTSCH!

Sonnenstich: Euch ist heiß, ihr habt Kopfweh und euch ist schlecht — klare Anzeichen für einen Sonnenstich. Legt euch in den Schatten, kühlt euren Kopf mit einem nassen Waschlappen, trinkt etwas und haltet euch von der Sonne fern.

Mückenstich: Damit es erst gar nicht zu einem Stich kommt, verschließt euer Zelt gut und zieht abends langärmelige Kleidung und eine lange Hose an. Hat's euch trotzdem erwischt, kühlt die Stelle und reibt sie mit einem Mückenstift ein.

Zeckenbiss: Sucht euch jeden Abend nach Zecken ab. Solltet ihr eine Zecke finden, bittet einen Erwachsenen, sie mit einer Zeckenkarte zu entfernen. Beobachtet die Stelle weiter. Bildet sich ein weiß-roter Ring, müsst ihr zum Arzt.

Und tschüss!

Jeder Urlaub geht einmal zu Ende. Damit ihr euch noch lange an euren Zelttrip erinnert und auch für euren nächsten Urlaub im Freien gut vorbereitet seid, hier einige Tipps für euch:

▶ Am letzten Abend bekommt jeder einen Zettel und schreibt oder malt sein schönstes Erlebnis darauf. Später könnt ihr die Zettel für alle kopieren, sodass sie jeder zusammen mit seinen Fotos in ein Album kleben kann. Eine schöne Erinnerung!

▶ Am nächsten Morgen werden die Zelte leer geräumt und ausgefegt. Dann macht ihr die Reißverschlüsse zu.

▶ Löst nun die Abspannleinen, bevor ihr vorsichtig die Heringe aus dem Boden zieht und sauber macht.

▶ Passt auf, dass ihr keinen Hering überseht. Sie können nicht nur zur Stolperfalle für die nächsten Gäste, sondern auch für Tiere gefährlich werden.

▶ Reibt den Zeltboden und die Plane vor dem Zusammenlegen mit einem Lappen sauber und trocken.

▶ Entsorgt euren Müll in Mülleimern.

▶ Feuchte Zelte müssen zu Hause sofort gelüftet werden.

UNSER ESSEN ! ☺

DEN MÜCKEN HAT ES BEI UNS SEHR GEFALLEN !

BESUCH AM MORGEN

Nützliche Adressen

Wenn ihr euch informieren wollt, wo ihr überall euer Zelt aufschlagen könnt, werdet ihr im Internet und auch bei den Fremdenverkehrs- oder Tourismusbüros der jeweiligen Städte fündig. Natürlich könnt ihr euch auch an erfahrene Organisationen wie die Pfadfinder oder Die Falken wenden. Sie haben nicht nur viele Infos für euch parat, sondern bieten häufig auch Zeltlager an. Hier eine Liste von hilfreichen Adressen und Links:

www.camping-in-deutschland.de

www.campingfuehrer.adac.de

www.naju.de

www.pfadfinden-in-deutschland.de

www.zeltlagerplatz.info

MAL REINSCHAUEN !

Fotonachweis

Leoni Ebbert
Cover

Britta Kudla
Seite 11 und 15

www.fotolia.com
Seite 6 + Buchrückseite: bluedesign
Seite 42: Giuseppe Porzani
Seite 43: M.studio
(Inhalt der Pfanne)
Seite 47: joyt
(gebackene Kartoffeln)

www.istockphoto.com
Seite 13: Jonathan Barton
(Steilwandzelt)
Seite 46: TinkerJulie
(Gemüsepäckchen)

www.picture-alliance.com
Seite 20: dpa-Report
Seite 40: picture alliance/
All Canada Photos/Ron Watts
Seite 53: picture alliance/
Arco Images/C. Braun

www.shutterstock.com
Vorsatzpapier: varuna
Nachsatzpapier: bokan
Seite 5: MANDY GODBEHEAR
Seite 13: Vereshchagin Dmitry
(Wurfzelt) , Vereshchagin Dmitry
(Tunnelzelt), Luisa Leal
Photography (Igluzelt)
Seite 22: Stephen Orsillo
Seite 25: OLHA TOLSTA
Seite 26: wavebreakmedia
Seite 32: Mat Hayward
Seite 37: Simon Lewis
Seite 43: J. Lekavicius (Pfanne)
Seite 44: Matva
Seite 46: Marina Lohrbach
(Stockbrot)
Seite 47 + Buchrückseite:
bmf-foto.de (Würstchen), Elena
Shashkina (Marshmallows), Chris-
topher Elwell (Karamell-Äpfel)
Seite 48 + Buchrückseite:
Big Pants Production
Seite 52: godrick

Noch mehr für Abenteurer

ISBN 978-3-649-66806-0

ISBN 978-3-649-62072-3

ISBN 978-3-649-67057-5

ISBN 978-3-649-67146-6

ISBN 978-3-649-62173-7

ISBN 978-3-649-62146-1

ISBN 978-3-649-66883-1

ISBN 978-3-649-61932-1

Überall im Handel erhältlich
und unter www.coppenrath.de!